Edict du Roy

Pour les Priuileges & franchiſes des Foyres eſtablies à Roüen.

A ROVEN.
DE L'IMPRIMERIE,
De MARTIN LE MESGISSIER, Imprimeur ordinaire du Roy, & des Arreſts & ordonnances concernans la Police de ceſte Ville Rouen, tenant ſa boutique au haut des degrez du Palais.
M. D. C. XXXII.

A Tous ceulx qui ces presentes lettres verront où orront, Iean de Montespedon escuyer sieur de Beauuoir & de Basoger, Conseiller, Chamberlan du Roy nostre Sire & son Bailly de Roüen, Salut. Sçauoir faisons, Nous aujourd'huy 22. iour de Septembre l'an de grace 1477. auons vsu vne Chartre seellée en laz de soye & cire vert, En la marge d'embas de laquelle estoient escriptes les verifications & publications d'icelle, faictes tant en la Chambre des Comptes du Roy nostre Sire à Paris, que des Generaulx de la Iustice des Aydes à Roüen, auec deux autres attaches verifications ou expeditions attachez à la marche de hault de ladicte Chartre, l'vne donnée de Nossieurs les Generaulx des Fināces du Roy nostredit sieur, soubz vn signet placque de cire verte, & l'autre donnée de nostre Lieutenant General attaché à ladicte marche soubz le petit seel aux causes dudit Bailliage, le tout seing & entier de seaulx, signetz, & escriptures, dont la teneur ensuyt. Et premierement de la premiere Chartre.

LOVIS Par la grace de Dieu, Roy de France. Sçauoir faisons à tous presents & aduenir, Que comme le bien & vtilité de la chose publique de nostre Royaume, conseruation & entretenemēt d'icelle, le faict de la marchandise soit l'vne des principalles & les plus necessaires choses, sans lequel les nations & Prouinces bõnement ne se pourroient entretenir ne pouruoir à leurs necessitez, Considerans & aussi & bien aduertis que toutes les monnoyes d'or & d'argent de ce Royaume, où la pluspart d'icelles en especial celles de nostre Pays & Duché de Normandie ont esté tirez & transportez par les Marchands, & enleuez hors de nostredict Royaume & Duché au prejudice de nous & de nostredit Royaume & subjectz & plus pour estre au temps aduenir sy par nous ny estoit pourueu & remedié. NOVS POVR CES CAVSES, & autres à ce nous mouuans, & ce sur ce l'aduis de plusieurs Seigneurs de nostre sang & lignage, & de plusieurs Marchands de nostre Royaume, Eussions au mois de Nouembre l'an 1450. ordõné estre a nostre ville de Caen deux foyres franches, durant chacune par quinze iours entiers & ouurables, jouxte & par les franchises & conditions contenuës és lettres de Chartres qui lors leur en furent par nous donnez, Et du depuis nous cõgnoissans que icelles foyres ainsi par nous ordonnez audit lieu de Caen n'estoient pas bien assises en lieu conuenable au proffit & vtilité de nous & de nostre Royaume, Marchands, & autres nos subjectz, Nous icelles foyres de Caen auons reuoquez cassez & adnullez, & par la teneur de ces presentes les reuoquons cassons & adnullons, & attendu que nostre bõne Ville & Cité de Roüen est la principalle & metropolitaine de nostredit Pays de Normandie grande & espacieusement forte & bien peuplée, joignant laquelle court la Riuiere de Seine qui dit la Mer jusques à icelle ville, & porte & peult porter grands & bons Nauires venans de tous pays & nations estranges, & aussi partir de nostredite ville de Roüen auoit ladicte Riuiere & porter à Paris & autres noz Villes & Citez, Toutes marchandises qui y seront apportez par Mer, & y en apporter d'autres de nostredit Royaume & Pays tant par ladicte riuiere & autres qui en icelle cheent & affluent, & mesmement par la terre que de nostre Ville & Cité de Roüen pourront estre tirez en la Mer & par les Nauires menez en toutes nations & pays estrangers joignant à la Mer, & que toutes marchandises & dentées & les corps des Marchands & de leurs facteurs & seruiteurs seront en icelle nostredicte ville bien & seurement receuillis & logez, & y pourront faire leur faicts & marchandises sans aucun danger ny empeschement ou destourbier de leurs personnes seruiteurs & biens, & en laquelle ils se pourront plus conuenablement assembler en autre ville de nostredit duché, Desirant de tout nostre cœur obuier aux iudamnitez & dommages de nous, nostre Royaume, Pays & subjetz, & de tout nostre pouuoir remettre su le cours de ladite marchãdise, augmẽter & accroistre le bien & vtilité de nostredite ville de Roüen. Nous de nostre propre mouuement certaine science grace especial & auctorité Royal, Auons voullu ordonné & institué, & par ces presentes voulons, ordonnons, & instituons par ordonnance & Edict & Declaration irreuocable, que en icelle nostredicte Cité de Roüen & enuirons ainsi qu'il sera aduisé estre conuenable pour les habitans d'icelle Ville, soyent d'oresnauant termez deux foyres franches par chacun an, perpetuellemeut & à tousiours, qui dureront chacune quinze iours ouurables entiers & continuels sans aucune interruption, sans toutesfois y comprendre les Dimanches & iours de festes commandez par l'Eglise, qui ne seront point comptez. La premiere foyre commençant le l'endemain de la feste de la Purification Nostre Dame. Et la seconde, le premier Mercredy d'apres la feste de la Penthecoste, soubs les libertez, priuileges, & franchises cy apres specifiees & declarées. C'EST ASSAVOIR, que durant le temps desdictes deux foyres toutes monnoyes quelles quelle soyent y aurõt cours pour leur prix & valleur, & que tous Marchands quels & de quelque pays ou nation qu'ils soyent pourront marchander & faire leurs faicts de marchandise aux mõnoyes estrãgeres & à celles de nostredit Royaume sans aucune reprehention, & que desdites mõnoyes ensemble tout argent ou or monnoyé ou à monnoyer de quelque forme ou maniere que ce soit, les marchands pourront marchander & les apporter ausdictes foyres, Mais icelles foyres faillies, les Marchands seront tenus les liurer à la Monnoyé où vendre en ladite ville comme billon, Et au regard des Monnoyes d'or & d'argent faictes en noz monnoyes & qui auront cours en nostredit Royaume & pays, lesdicts Marchands & autres les pourront prendre & remporter là ou il leur plaira, sans qu'aucun empeschement leur y peust estre mis ou donné au contraire.

ITEM, voulons & ordonnons que durant les foyres tous Marchands & autres de quelque nation ou condition qu'ils soyent venans & frequentans en icelles, ensemble leurs biens & marchandises, soyent francs de toutes impositions & autres charges ou tributz ordinaires & extraordinaires quelconques mis & à mettre sus par nous & noz successeurs au temps aduenir, pour quelque cause necessité ou condition que ce soit, sinon les exceptions cy apres declarées.

ITEM, voulons & ordonnons & octroyons que tous Marchands & autres de quelque estat ou condition & nation qu'ils soyent, puissent demeurer à nostredicte ville de Roüen dés l'vne desdictes foyres à l'autre, & faire mettre leurs biens denrées & marchandises seurement & sauuement par tous les lieux de nostre Royaume ou bon leur semblera, en payant les droictz & debuoirs qui pour ce seront deubz, nonobstant quelque guerre, marque, cõtremarque, presailles, ou represailles qui fussét ouuertes entre nous ou aucũs de noz subjectz, & ceux du pays d'où seroient lesdites marchãdises pour quelque cause que ce soit, sinon que les Marchands fussent principaulx acteurs ou facteurs desdictes marques, Saouf toutesfois que lesdicts Marchands forains ne pourront mettre leurs Vins dedans nostredicte ville de Roüen, ny à couuert en icelle ville & banlieuë, pour ce que ce seroit contre les antiens priuileges de nostredicte ville, Mais les pourront franchement vendre sur le Kay de ladicte ville & lieux accoustumez à vendre & arriuer lesdicts Vins.

ITEM, voulons & ordonnons que pour l'entretenement desdites foyres, que toutes gens de quelque nation ou condition qu'ils soyent frequentās lesdictes foyres, puissent tenir Bancq d'eschange ainsi que bon leur semblera durant le temps desdictes foyres, sans qu'ils en puissent estre reprins par noz Officiers ny autrement quelconque, ne qu'ils soyent pour ce tenus auoir ny obtenir aucunes lettres de change de nous, des generaulx Maistres de noz Monnoyes ne autrement quelconque, ny pour ce payer à nous ny autrement aucunes sommes de deniers.

ITEM, & pour ce que en foyres Marchands ont accoustumé de faire des changes, arriere-changes, & à interestz, Voulons & octroyons que durant lesdictes foyres toutes gens de quelque estat, nation ou condition qu'ils soyent, puissent prendre & mettre leur argent par lettres d'eschãge de quelque pays que ce soit, Mais apres lesdictes foyres faillies, ne pourrõt remporter les monnoyes estrãgeres qu'ils auront apportées, ains seront tenus les porter à nostre Monnoye comme billon, ainsi que dessus est touché.

ITEM, & pour ce occasion d'aucunes lettres touchant lesdicts changes faicts ausdictes foyres pour payer ou rendre argent autrement ou des lettres qui seroient faictes ailleurs pour rendre argent ausdictes foyres de Roüen, lequel argent ne seroit payé selon lesdites lettres, & faisant aucune protestatiõ ainsi que ont accoustumé de faire Marchãds frequentans foyres tant de nostre Royaume que d'ailleurs, Audict cas ceulx qui feront payer ledict argent tant du principal que des dommages & interestz: pourront estre & seront contraincts de les es payer tant à cause du change, arriere-change, que autrement, ainsi que l'on à accoustumé de faire es foires de Gerenart, Montignac, Burges, Anuers, Genefue, Lyon, & autres foyres de nostredit Royaume & d'ailleurs.

ITEM, & pour ce qui peut estre plusieurs Marchands estrangers frequentans volontairement lesdictes foyres, querront auoir leur habitation & demeure en nostredicte ville de Roüen, Nous auōs octroyé comme dessus qu'il soit loisible & permis à tous Marchands estrangers d'y tester & ordonner de leurs biens ainsi que bon leur semblera, & que leur Testament & ordonnance soit vallable, posé que ledict Testament ayt esté faict esdictes foyres durant ou apres en ce Royaume ou hors, & qu'il sorte son plain effect, comme s'il eust esté faict & ordonné és lieux dont ils sont natifz, & au cas qu'ils mourroient ou demeureroient en nostredict Royaume sans tester, que ceux qui leur doibuent ou deburont succeder selon raison escripte statué ou accoustumé de payer, leurs succedent plainement & sans contredict, comme s'ils trespassoient és lieux dōt ils sont ou seront natifz & la ou ils faisoient leurs domicilles, & sans ce que eulx ne leursdicts hoirs soyent tenus de payer pour ce à nous ny aux nostres aucunes finances, nonobstant quelcōques ordonnances royaulx à ce contraires.

ITEM, voulons & ordonnons que tous Marchands de quelque nation qu'ils soient, & tous autres frequentans lesdictes foyres de Roüen, durant icelles joüissent de toutes franchises comme dict est, sans nous payer aucunes impositions, domaine, ny impositions foraine, coustumes, ny autres subsides, acquictz ou exactions imposez ou à imposer tout ainsi que en faisoient és autres foyres franches de nostre Royaume & és foyres d'Anuers, Bruges, & Burgues, Sauf que les Conseillers manans & habitans de nostredicte ville de Roüen pour payer les Rentes & charges qu'ils doibuent à nous & à plusieurs Eglises, & pour eulx acquiter & subuenir à leurs communes affaires ils puissent cœuillir leurs aydes par nous & eulx octroyées sur les marchandises qui seront deffenduës & mises à couuert à ladicte ville durant lesdictes foyres.

ITEM, & aussi voulons & ordonnons que les Marchands & autres estrangers qui viendront demeurer en nostredicte ville & banlieuë de Roüen & y faire residence apres la foyre où foyres faillies, soient contribuables aux aydes de nostredite ville & Tailles & autres charges comme les autres habitans d'icelle ville, Et sy ne pourront iceulx Marchans forains deuãt ny apres icelles foyres faillies, distribuer ny vendre à detail leursdites denrées & marchandises, mais les pourront vendre en gros seulement.

ITEM, voulons & ordonnons que toutes debtes qui seront crées pour raison des marchandises qui seront venduës, trocquées, ou eschangées, & transportées hors, serõt priuilegez comme est dict auoir franches foyres, & ne se pourront les debiteurs ayder de respits, impetrations, dilations, ny autres choses quelconques, pour retarder ny empescher le payement desdictes debtes.

ITEM, & auons voulu & ordonné que tous lesdicts Marchands soient doucement traictez & receuz à nostredicte ville, sans les mollester ny trauailler, ny empescher, ny faire durant lesdites foyres sur leurs marchandises aucunes visitations par les gardes des Mestiers ny autrement. Sinon que seulement que visitation pourra estre faicte sur les chaix & poissons qui seront vendus en detail, Et en ce qui touchera or ou argent & le Mestier d'orfeburerie, & auec ce la marchandise d'Espicerie qui y sera venduë, guerbelée, & les Cyres effretourrez ainsi qu'il à esté accoustumé faire és autres franches foyres, pour le bien, loyaulté, & vtilité de la marchandise.

ITEM, & ne pourront lesdits Marchands lesdicts Marchands forains de la marchandise de Pelleterie, qui s'en entremettront deuãt ou apres icelles foyres faillies, vendre aucune Pelleterie, fors seulement celles qui seront creuses & non mises en œuure.

ITEM, auons ordonné & declaré par ces presentes, ordõnons & declarons que sy lesdicts Marchands forains se trouuent coulpables d'auoir vendu hors les iours francs desdictes foyres aucunes de leurs denrées autremẽt qu'en gros, qu'ils en soyent punis par amende arbitraire: de laquelle nous auõs la moitié, & la communaulté de nostredicte ville l'autre moitié.

ITEM, & pour la seureté des Marchands & autres frequentans & allans esdictes foyres, retournans & sejournans en icelles, Nous les auons prins & mis prenons & mettons par ces presentes en nostre protection & sauuegarde especial à la conseruation de leur droict, auec tous leurs biens denrées & marchandises quelcõques, quelles seront admenez venduës & exploictez esdictes foyres.

ITEM, & pour ce que durant lesdictes foyres se pourroient mouuoir plusieurs questiõs & debatz tant entre noz Officiers & les Marchands qui frequenteroient lesdictes foyres, cõme de Marchand à Marchand, & de partie à partie. NOVS pour obuier ausdits debatz questions & procez, & y mettre briefue fin & commerce. AVONS ordõné & ordonnons & estably & establissons par ces presentes nostre Bailly dudict lieu de Roüen ou son Lieutenant conseruateur desdictes foyres, pour cõgnoistre decider & determiner desdites questions debatz & procez, appellez auec luy deux des Conseillers de ladicte ville, & autres Marchands d'icelle Ville, & en tel nombre qu'il verra estre a faire, lequel conseruateur tiendra sa court pour decider & determiner des choses dessusdictes en l'Hostel Commun de ladicte Ville, pour icelle donner bonne & briefue expedition ausdicts décordz & debatz qui seront meuz a cause des marchandises qui seront venduës & distribuez esdictes foyres, & de cognoistre juger & determiner de iour en iour, d'heure en heure, par si briefue interualle qu'il sera possible, sans long procez ny figure de pled, ainsi qu'il verra estre à faire par raison durant le temps desdictes foyres, & sans aucun ressort dillation ny appel.

ITEM, & n'entendons pas que du Vin & autres boissons qui vendus seront en destail durant lesdictes foyres, les Tauerniers & vendeurs soient quittes de nostre ayde de Quatriesme, & des aydes de la Ville, mais les seront tenus payer comme en autre temps, & aussi nostre droict de gabelle de sel.

ITEM, & auons declaré & ordonné que durãt lesdictes foyres aucuns Marchands ou autres qui vendront & frequenteront selon l'vsage accoustumé tenu & gardé és foyres franches, ne pourra estre arresté, contrainct, apprehendé, ne autrement empesché du corps, biens, ny autrement, par vertu de quelsconques obligations ou autres choses, à payer aucunes sommes de deniers, ny faire aucune restitution ou satisfaction de biens, ny choses quelsconques, Sy n'estoient pour biens ou marchandises qu'ils eussent prinses, trouuez ou achaptez en icelles foyres franches, Et pour ce que soubz ombre desdictes foyres franches aucuns qui ont precedent ou du depuis & hors icelles foyres auroient faicts aucuns marchez venditions ou contractz de denrees & marchandises dõt les aydes & impositions nous pourroient estre deubz, s'en vouldroient affranchir & estre tenus quittes, qui seroient forme d'abus & de fraulde, Nous voulons que toutes telles fraul des & abus les delinquans soient punis selon raison & Iustice.

ITEM, & pour mieux entretenir lesdictes foyres, Nous auons deffendu & deffendons à tous noz subjectz de nostre Royaume & Duché de Normandie, & d'autres noz Pays, qu'ils ne soient si osez ne hardis de doresnauant frequenter, aller, enuoyer, ny communiquer en quelque maniere, ny enuoyer deniers ne denrées quelsconques esdictes foyres d'Anuers, Bruges, Appré, n'y autres estants hors nostredict Royaume, sur peine de confiscation de corps & de biens de ceulx qui seront trouuez faisant le contraire, à nous à appliquer.

Sy donnons en Mandement par ces mesmes presentes, à nos amez & feaulx Gens de noz Comptez, Tresoriets Generaulx, Conseillers sur le faict & gouuernement de toutes noz finances, Generaulx sur le faict de la Iustice de noz Aydes, au Bailly de Roüen, & à tous noz autres Iusticiers & Officiers, où à leurs Lieutenants presents & aduenir, & à chacun d'eulx si cōme à luy appartiendra: que le contenu en ses presentes ils obseruent entretiennent & gardent & facent obseruer, entretenir de point en point selon leur forme & teneur: & à ce faire & souffrir cōtraignent ou facent contraindre tous ceulx qu'il appartiendra par toutes voyes deuës, Et à ce que ces choses soient plus notoires à vn chacun, Nous voulōs quelles soient publiées à son de Trompe & cry public par toutes les bonnes Villes & Citez & lieux de nostre Royaume, & ainsi qu'il appartiendra, & pour ce que de ceste presente on pourra auoir à besongner en plusieurs & diuers lieux: Nous voulons qu'au vidimus d'icelles faict soubz seel royal, foy soit adjoustée comme au present original, Et affin que ce soit chose ferme & stable à tousiours, Nous auons faict mettre nostre seel à ces presentes, sauf en autres choses nostre droict & l'autruy en toutes. Donné en la Cité d'Arras au moys de May, l'an de grace mil quatre cens soixante & dixsept, & de nostre regne l'vnziéme. Signé, PAR LE ROY. Le Comte de Marle, Mareschal de France, Maiſtre Guillaume Picard, General des Finances, & autres preſents. M. Picor. Viſa. Contentor. Tepier. Regiſtrata. Enſuyt la veriffication de Noſſieurs des Comptes. *Lecta publicata & regiſtrata in Camera Compotorum & domini noſtri Regis Pariſis die 21. Iunij. anno domini* 1477. Ainſi ſigné Badouillier.

Enſuyt l'expedition ou veriffication des Generaulx ſur le faict de la Iuſtice des aydes, *Lecta publicata & Registrata in Camera Generallium ſuper facto Iuſtitiæ innam. Rothomagnum ordinatorium die prima menſis Septembris, anno domini* 1477. Ainſi ſigné *Epordin. Curia* Boſcrogier.

CHARLES Par la grace de Dieu Roy de France, à tous ceulx qui ces preſentes verront, Salut. Sçauoir faiſons que cõme nos chers & bien amez les Bourgeois manans & habitans de noſtre bonne Ville & Cité de Roüen en acquitans leurs loyautez enuers nous, ainſi que touſiours ils ont, & eu volonté de faire, ſe ſoient puis n'agueres liberallemẽt & de bon cœur reduits & remis en noſtre ſeigneurie & obeïſſance, & entr'autres choſes nous ayant faict requeſte que pour l'entretenement de noſtredicte Ville & Cité à l'augmentatiõ & vtilité d'icelle & de la choſe publique, Nous leur voulluſſions donner & octroyer par chacun an vne foyre franche de tous acquitz, couſtumes, aydes, subsides, impositions, & exactions quelsconques : à commencer l'assiette d'icelle le iour du Pardon Monseigneur Saint Romain, & durant par neuf iours entiers & continus, auec trois iours deuant ladicte assiette pour entrée, & trois iours dessus apres icelle foyre faillie, & estre tenuë en ladite ville & auprés d'icelle, au lieu accoustumé que l'on nomme le Camp du Pardon & illec enuiron, Pour consideration desquelles choses desirant de tout nostre cœur l'augmentation du bien public, & profit & vtilité de nostredicte Cité & des habitans illec, & en recognoissance de la bonne entiere & ferme loyauté de nosdicts subjectz de Roüen, des bons grands & loüables recommandables seruices qu'ils nous ont faicts en plusieurs & maintes manieres. Nous de nostre grace special plaine puissance & auctorité royal, & par grande & meure deliberation, A iceulx bourgeois manans & habitans de nostredite ville auons octroyé par la teneur de ces presentes, octroyons & accordons qu'ils ayent iusques à dix ans prochainement venans & puissent tenir & faire tenir en icelle ville & lieux d'icelle declarez par chacun an, vne foyre franche de tous aydes & subsides, impositions, exactions & subuentions quelsconques imposez ou à imposer, reserué tant seulement l'imposition du Vin qui durant ladicte foyre y sera vendu en gros, & le quatriesme du Vin & autres breuuages qui vendus y seront en detail, comme iceulx aydes auront accouuert à icelle ville, à commencer ladicte assiette de ladite foyre par chacun an ledit iour du Pardon Monseigneur Saint Romain, laquelle foyre sera

continuée

continuée par neuf iours entiers, auec lesdits trois iours de autres au deuant, & trois iours apres ladicte foyre faillie, pour yssuë, durant laquelle foyre ny és trois iours d'entrée precedents, & trois iours d'yssuë ensuyuans selon l'vsage accoustumé tenu & gardé en foyres franches, aucun Marchand ny autre qui viendra de ladicte foyre ne pourra estre arresté, contrainct, apprehendé, ne autrement empesché par corps, biens, ne autrement, par vertu de quelques obligations ne autres choses, à payer aucunes sommes de deniers, ne faire restitution de biens ne choses quelscõques, ce n'estoient pour marchandises qu'il eust prins & leuez ou achaptez en icelle ville, pourquoy ils pourroient estre contraincts selon raison de la coustume du pays, Et pour ce que soubz ombre de la foyre franche aucũs qui & precedent où depuis icelle & hors de ladite foyre auroient faicts aucuns marchez vẽditions & contractz denrées & marchandises dont les aydes & impositions nous pourroient estre deubz s'en voudroient affranchir & estre tenus quittes, qui seroient forme d'abus & frauldes, Nous voulons que toutes & telles frauldes & abus les delinquãs soiẽt priuez tant par confiscation d'icelles marchandises, priuation de marchander, amendes arbitraires, ou autrement selon les exigences des cas. SY DONNONS EN MANDEMENT par les susdictes presentes à noz amez & feaulx Gens de nos Comptes, Tresoriers Generaulx, Gouuerneurs de tous nos finances, au Baillif de Roüen, Caux, Gisors, Eureux, Caen, Costentin, Vicontes desdicts Bailliages, & à tous noz autres Iusticiers & Officiers où à leurs Lieutenants, que du contenu en ces presentes facent souffrent & laissent lesdicts de Roüen jouyr & vser plainement & paisiblement en icelle foyre facēt souffrēt crier notiffier par corps & biēs publier par tout ou mestier sera & és lieux ou requis serōt, sans sur ce leur dōner durāt ledit temps de dix ans aucun trouble destourbier ou empeschement, mais s'aucun souffroit faire le contraire les face reparer & tout mettre au premier estat & deub nonobstant quelsconques priuileges, declarations ou vsages sur ce faicts, & quelconques lettres subuerties impetrez ou à impetrer à ce contraires : ne voulant autrement déroger ou prejudicier à cesdictes presentes, ausquelles en tesmoing de ce, nous auons faict mettre nostre seel. Donné à Caen le septiesme iour de Iuillet, l'an de grace mil quatre cens cinquante, de nostre regne le huictiéme, & sur le reply desdictes lettres estoit escript, Par le Roy en son Conseil. Ainsi signé Chaligard.

Ensuyt la verification de ladicte Chartre faicte par les Generaulx des Finances dudict Seigneur.

NOVS les Generaulx Conseillers du Roy nostre Sire sur le faict du gouuernement de toutes ses finances, tant de Languedoit cōme du Languedot, Veuës les Lettres patentes d'iceluy Seigneur ausquelles ces presentes sont attachez sur l'vn de noz signetz, Par lesquelles & pour les causes en icelles y cōtenuës il octroye & accorde par grande & meure deliberation de son Conseil, aux Bourgeois manans & habitans de sa bonne Ville & Cité de Roüen, qu'ils ayent iusques à dixans ensuyuant la dabte de ces presentes desdictes lettres & puissent tenir & faire asseoir en icelle ville & aupres d'icelle au lieu accoustumé que l'on nomme le Camp du Pardon, & illec enuiron par chacun an vne foyre franche de toutes aydes, subsides, impositions & exactions & subuentiōs quelsconques imposez ou à imposer, Reserué tant seulement l'imposition du Vin qui durant ladite foyre sera vendu en gros, & le quatriesme du Vin, & autres breuuages qui vendus y seront a detail, tant comme iceulx aydes auront cours en icelle ville, à commēcer ladicte assiette à icelle foyre par chacun an le iour du Pardon Monseigneur Saint Romain, laquelle foyre sera cōtinuée par neuf iours entiers, auec trois iours d'entrée deuant ladicte assiette, & trois iours d'yssuë apres icelle foyre faillie, durant laquelle foyre ne és trois iours d'entrée precedens & trois iours d'yssuë eussiez selon l'vsage accoustumé tenu & gardé en foyres franches, aucun Marchād ny autres qui viendra à ladicte foyre ne pourra estre arresté, contrainct, ny apprehendé, ne aucunement empesché par corps, biens, & autrement, par vertu de quelques obligations ou autres choses à payer aucunes sommes de deniers, ne faire aucunes restitutions de biens ny choses quelsconques, Sy ce n'estoit pour biens & marchandises qu'il eust prins leuez ou achaptez en icelle ville,

Pourquoy ils pourront estre contraincts selon raison & coustume du pays. Consentons entant qu'à nous est l'enterinement & accomplissement desdictes lettres selon leur forme & teneur. DONNE soubz nosdicts signetz le douziéme iour d'Aoust, l'an mil quatre cens cinquante. Ainsi signé Bardouin.

FRANCOYS PAR LA GRACE DE DIEV, ROY DE FRANCE, à tous presents & aduenir, Salut. Que pour les biens & vtilité de la chose publique de nostre Royaume, conseruation & entretenement d'icelle, le faict & entretient de la marchandise sont l'vne des principalles & plus necessaires choses sans lequel les pays & Prouinces ne se peuuent bonnement entretenir, augméter & enrichir, ne pouuoir subuenir à leurs necessitez. A ceste cause, feu de bonne memoire nostre tres-cher & sieur cousin le Roy Louys vnziéme (que Dieu absolue) en l'an 1468. au moys de Nouembre, Considerant que nostre bonne Ville & Cité de Roüen estoit la principalle & metropolitaine de nostre Pays de Normandie, grande, spacieuse, & bien peuplée, joignant laquelle court la Riuiere de Seine, qui dit la Mer jusques à icelle Ville, peult & peult porter grands & bons Nauires venans de toutes partz pays & nations estranges, Et eu sur ce l'aduis des Princes & Seigneurs de son sang & lignage, & de plusieurs Marchãds & autres notables personnes, Auoit à l'humble supplication & requeste des bourgeois citoyens & habitãs de nostre ville de Roüen, Octroyé & accordé que la foyre nõmée le Pardon Saint Romain seant par chacun an en icelle ville & enuiron, & qui pour lors estoit, de demeurer des deux ou trois iours pour estre tenuë & cõtinuée à tousiours perpetuellemẽt par chacun an par six iours entiers & ouurables, & ce comprins le iour & feste Monsieur Saint Romain, en ladicte ville de Roüen & à l'enuiron, auec deux iours entiers & deux iours d'yssuë non francs, Et declarant icelle foyre de Saint Romain franche de toutes aydes, subsides, impositions, & subuentions quelsconques imposez ou à imposer, Saouf & reserué tant seulement du Quatriesme du Vin qui pour lors auroit, & autres menus breuuages qui vendus y seront vendus en detail & de nostre Gabelle de sel, & de l'ayde octroyé à ladicte Ville sur ledit sel tant que ladite ayde auroit cours, En declarant que durant lesdicts six iours ne aussi és deux iours d'entrée parauant lesdicts six iours & deux iours pour yssuë, apres l'on ne pourra approcher les Marchands ne autrement venans à ladicte foyre, sinõ pour le faict des denrées qu'ils auroient achaptez en icelle foyre ou és precedentes, où par abbus, crimes, delictz, ou autres cas qu'ils auroiẽt commis. Toutesfois n'entendant que noz aydes qui auroient cours en nostre ville ne fussent cœuillis & leuez des denrées & marchãdises qui seroient venduës ou reuenduës ou eschangez esdicts deux iours d'entrée & deux iours d'yssuë, & que l'on ne puisse apprehender les Marchands ou marchandises de ceulx qui debueroient lesdictes aydes en leur reffus de les payer, jouxte que plus à plain il eſt cõtenu és lettres de Chartres ſur ce deuëment expediées & intherinées. D'auantage en l'an 1477. au mois de May euſt eſté octroyé par noſtredict ſieur feu & couſin le Roy Louys vnzieſme, auſdicts citoyens, bourgeois, manans, & habitans, deux autres foyres franches par chacun an perpetuellemẽt & à touſiours, qui dureroṗt par chacun quinze iours ouurables entiers & continuez ſans aucune interruption. La premiere commençant le l'endemain de la feſte de la Purification Noſtre Dame. Et la ſeconde, le premier Mercredy d'apres la feſte de la Penthecoſte, ſoubz les libertez, priuileges, franchiſes, & exemptions de noz droictz, acquictz, & couſtumes, auec droict de Iuriſdiction des cas qui aduiennent durant leſdictes foyres à plain mentionnez auſdictes Lettres de ce expediées en forme de Chartre en laz de ſoye de cire verte, & ſoit ainſi que les bourgeois, citoyens, manans & habitans d'icelle noſtre bonne Ville & Cité de Roüen, pour le bien & vtillité de la choſe publique & l'eſtat de ladicte marchandiſe, Nous ayant ſupplié & requis que noſtre plaiſir fuſt donner & decerner ladicte foyre Saint Romain pour le temps durant iceulx ſix iours ouurables, auec deux iours d'entrée & deux iours d'yſſuë, de tous, tels droictz, priuileges, franchiſes, exemptions, libertez, & droictz de iuriſdiction comme ils ont, & leur à eſté accordé & octroyé eſdictes foyres de Chandeleur & Penthecoſte, & ſur ce leur impetrer noſtre grace & liberalité, Salut. SÇAVOIR FAISONS, que nous deſirans de tout noſtre cœur & bien de la choſe publique, & le faict de la marchandise estre continuée & entretenuë de bien en mieux en nostre Royaume; recongnoissant les bons loüables & recommandables seruices & subuentions que lesdicts Bourgeois, Citoyens, & habitans de nostre bonne ville de Roüen nous ont faicts en maintes manieres & occasions qui encores feront cōme noz bons vrays & loyaux subjectz. Inclinans liberallement à leur supplication & requeste, & de nostre grace special plaine puissance & authorité Royal, leur auons permis & par la teneur de ces presentes octroyons & permettons qu'icelle foyre de Saint Romain par durant lesdicts six iours ouurables, cōmençāt ledit iour & feste Saint Romain, que deux iours d'entrée & deux iours d'yssuë, soit franche quitte & exempte de toutes aydes, subcides, & impositions quelsconques imposez ou à imposer, fors & excepté des aydes qui sont & seront assis & imposez pour le payement & soulde de mil hommes de pied, que lesdicts suppliants nous ont liberallement octroyez pour la force & deffence de nostre Royaume, ainsi que plus à plain est contenu & declaté és Lettres patentes sur ce faictes & accordées entre nous & nosdits subjectz, & puissent joüir & vser de tous les droictz, libertez & facultez tant des Iurisdictions que autrement, tout ainsi qu'ils ont & leur laisse & appartient par les concessions & octroy desdites deux foyres de Chandeleur & Penthecoste, & par la propre forme & maniere qu'il est contenu esdictes Lettres, & cōme s'ils estoient exprimées de mot en mot en cesdictes presentes. SY DONNONS en Mandement à noz amez les Conseillers les Gens tenans nostre Cour de Parlement, aux Baillifz de Roüen, de Caux, & Caen, à leurs Lieutenants presents & aduenir, & à tous noz autres Iusticiers Officiers & subjectz, & à chacun d'eux sy cóme à luy appartiendra : que de noz presentes graces, octroy, & permission ils facent souffrent & laissent lesdicts Bourgeois Citoyens & habitans joüir, vser plainement perpetuellement & à tousiours, cessant & faisant cesser tous troubles & empeschements au contraire, CAR tel est nostre plaisir : Nonobstant quelsconques Ordonnances, Edictz, Coustumes establies, & deffences à ce contraires, Et affin que ce soit chose ferme & stable à tousiours, Nous auõs signé ces presentes de nostre main, & à icelles fait mettre nostre seel, sauf en autres choses nostre droict & de l'autruy en toutes. DONNE' à Saint Germain en Laye au moys de Feburier, l'an de grace mil cinq cens vingt & vng, & de nostre Regne le huictiesme. Ainsi signé FRANCOIS. & sur le reply, PAR LE ROY. ROBETEL. VISA. Et seellé de cire vert soubz laz de soye, & plus bas est escript. Collation faicte du contenu cy dessus, estants transcriptes & incerées en vn Registre couuert de satin noir, estãt au Chartrier de l'Hostel Commun de la ville de Roüen, Par moy soubz-signé Greffier de ladicte ville, ce quatorziéme iour de Nouembre mil cinq cens soixante & dixhuict. Signé, Gosselin vn paraphe.

www.ingramcontent.com/pod-product-compliance
Ingram Content Group UK Ltd.
Pitfield, Milton Keynes, MK11 3LW, UK
UKHW020536180726
13839UKWH00006B/2545

9 782329 592404